SUIZID III

Einige mehr oder weniger erotische

Gedichte und Balladen

von Patillas Bernard

Şchmÿth

Bestellkontakt: filosof@gmx.net

Kontakt zum Autoren:

UweSchmidtAutor@alice.de

Funk.: 0177 - 649 35 57

Fone: 040 - 432 66 188

Fax.: 040 - 432 66 189

EDITION

SCHMÿTH

Band

Demnächst richten wir auf Youtube.de einen Lyrik-Kanal ein.

Eine erste Probe finden sie auf:

https://youtu.be/VZzjFQdKwBw

SUIZID III

von
Patïllas Bernard Şchmÿth

Herstellung und Verlag:
BoD - Books on Demand, Norderstedt
ISBN 978-3-7347-9718-7

Ein Geschenk an meine Treuen Leser

Wer den rückseitigen Gutschein ausgefüllt an mich sendet, erhält umgehend und absolut gratis das neue **Hörbuch** „Suizid III", oder auf Wunsch alternativ eine limitierte Druckgrafik,
persönlich signiert, zugesandt.

GUTSCHEIN

O   Ich möchte das Hörbuch

O   Ich möchte die Grafik

Meine Anschrift ist:

_____

Meine Telefonnummer:

_____

Meine e-Mail Adresse:

_____

Ich möchte kostenlos über Neuerscheinungen informiert werden.

Unterschrift: _____

Diesen Gutschein senden an:

Uwe Schmidt,

Postfach 71 01 29,

22161 Hamburg

Lyrik

von

Patïllas Bernard
Şchmÿth

alias
Uwe Schmidt

Mit einer völlig zusammenhanglos
eingestreuten Ansammlung
herrlicher Zeichnungen
des Malers

Uwe Schmidt

alias

W.–T. Peacepath

alias

Diddi Darlow

Vorwort

Ich freue mich, dass die Lyrik Bände Suizid I+II so gut bei Ihnen angekommen sind. Deshalb haben Sie nun Band III in der Hand Band IV folgt noch in diesem Monat. Auch diese Gedichte habe ich allesamt Mädchen und Frauen gewidmet, die in meinem Leben eine Rolle gespielt haben, die meisten eine derartige Rolle, dass sie mich in die höchsten Höhen der Lust aber auch an den Rand aller nur denkbaren Abgründe gebracht haben. Aber sie haben mich auch in die Freiheit geführt. Was meine ich mit Freiheit?

Freiheit heisst nichts und niemanden fürchten zu müssen aber auch nichts und niemanden das Fürchten lehren zu müssen. Deshalb ist auch Gehorsam für einen freien Menschen nur möglich, wenn er den Grund dafür nachvollziehen kann, denn wie soll man etwas wollen können, was man nicht gedanklich und in der Diskussion für sich vorbereitet hat, sprich, was nicht aus tieferer Einsicht geboren ist.
Sinnhaftes Leben heisst somit nicht gegeneinander kämpfen oder konkurrieren, sondern sich für etwas einsetzen.
Die Freiheit des Denkens ist die Grundlage für ein Engagement, unabhängig von

Zeitströmungen, Prüderien und bürgerlichen Bremsungen; die Kunst allein bleibt fad, wenn sie nicht in ein Ziel mündet, also Teil einer befreienden Idee ist.

Der Künstler ist ein Forscher im Geist und ein Idealist im Herzen, und die Freiheit ist es, die ihn zu seinem Engagement im Innersten antreibt Bücher zu schreiben, Musiken zu komponieren, Skulpturen zu formen, Bilder zu malen, vor allem aber Initiativen verschiedenster Gestalt zu begründen, denn ein freier Geist ist auf Entfaltung und Gestaltung gerichtet, so wie ein jeder auf alle Zeiten freier und selbstbewusster Mensch.

Wer diese Erkenntnis erlangt hat, den entmutigt so leicht nichts mehr, und wer ein freies Leben gelebt hat, der fürchtet nicht den Tod. Die Fragen des **WOZU**, **WOMIT**, **WOHIN** und **WARUM** leiten die Neugier des Künstlers und seine Interessen – und führen dazu andere an seinem Wissen umstandslos Teil haben zu lassen. Nichts ist aber auch deprimierender als ein Mensch bar jeder Neugier, denn der ist am Ende seines Lebens angelangt, gleichwohl wie jung er scheinen mag; ihm bleibt nur noch die nackte Existenz, dekoriert mit angehäuften Konsumgütern.

Geburtsort dieser kleinen Lyriksammlung ist, so wie bei aller Kunst, das Gehirn, und das bitte nicht wörtlich nehmen, denn es ist nicht vor allem Speicherplatz, Verschaltungseinheit oder Moderator chemischer Prozesse, sondern vor allem ein soziales Organ, in dem, oder besser aus dem heraus, sich die Kunst als Kristallisation menschlicher Emotionalität entwickelt.

Einige herausragenden Ergebnisse dieser Prozesse wurden in den Büchern der SUIZID-Reihe zusammengestellt, damit Sie lieber Leser darüber denken, diskutieren und daran umstandslos teilhaben können.

INHALT:

Auf dem Weg nach Schmarsow	17
Armageddon	23
Der Beginn vom Ende der Hoffnung	25
Der lange Moment	29
Deutsches Roulette	31
Die Trennung	33
Die Zeit danach	35
Dolchstoss	37
Du bist	39
Eigenwert	41
Erwacht	43
Es bricht	45
Es muss	49
Falscher Verdacht	51
Ferne	53

Frieden	55
Gedicht an mein Prinzesschen	57
Geburtstag	59
Gestern Abend	61
Gevatter Tod	63
Grabstein	67
Irgendwo	69
Jetzt wo es dich gibt	71
Klagelied eines Gattenmörders	73
Konsum	75
Krank	77
Ostern Familienfeier	79
Zeit mit Dir	81

Auf dem Weg nach Schmarsow

Stille lastet schwer,
über der Landschaft.
Ab und an schreit ein Halm,
auf der Tau benetzten Wiese.
Die Trauerweide nickt wissend
und taucht dabei wippend
ihre Zweige in den Bach,
sie macht Morgentoilette.

Ich gehe auf Schmarsow zu,
Sand knirscht unter meinen neuen Schuhen,
die schmerzhaft sich
in meine Fersen beissen.

Ein mutiges Fröschlein,
nicht grösser als eine zwei Euro Münze,
kreuzt mutig meinen Weg,
kreuzt mutig unter meinen Schuhen hindurch,
nicht ahnend, wie nahe am Tode vorbei,
er gerade gehüpft ist.

Vor mir, taucht hinter der Kurve
der alte Milchwagen auf, der rostige,
der den Krähen als Tränke dient
und den Wildtauben als Landeplatz.

Wildtauben?
Die Kropftaube und der Dragoner
und die beiden Schneeweissen
sehen eher aus,
als wären sie aus dem Taubenschlag
meines Nachbarn.

Der Weg ist lang, zu Fuss
mit neuen Schuhen
bin ich ihn sonst doch nur gerast
in zwei Minuten.

Nun tragen mich meine Füsse
und die morgendliche Stille
berührt mich,
auf eigentümliche Weise

Ich hab die letzte Kurve erreicht,
sehe schon das Wasserwerk,
als Schmiddel´s Trecker mir
scheppernd und holpernd entgegen rappelt.
Beide haben schon bessere Tage gesehen.

Er blinkt mich mit dem Fernlicht an,
und seine Hupe beisst mir giftig ins Ohr.
Er hält neben mir.
„Frühschoppen fällt aus, heut morgen!"

„Soll ich dich nach Nieden mitnehmen?"
Ich schüttele mit dem Kopf.
„Nein, ich geh´noch etwas spazieren,
die Stille hört sich so gut an."

Er sieht mich mit grossen Glubschaugen an,
rümpft die Nase und schreit kopfschüttelnd:
„Die spinnen, die Hamburger!",
und zeigt mir einen Vogel.

Dann legt er mit heftigem Knirschen
einen Gang ein, zuckt mit den Achseln
und schüttelt sich davon,
mit seinem stampfenden Diesel.

Ich nehm den Weg zur Autobahn,
über die noch feuchten Wiesen.
Sie hört sich an wie Meeresrauschen,
wie ferne Brandung.

Das kleine Band der Brücke, das dünne,
filigran und endlos bis zum Horizont,
wächst mit jedem Schritt höher,
bis über meinen Kopf.

Schon bald ragen die Säulen
der Talbrücke so hoch auf,
dass ich den Kopf in den Nacken legen muss
um das Geländer zu erspähen.

Das Rauschen des Verkehrs
wird zum stürmischen Toben.
Dann tauche ich in den Brückenschatten
und die Stille übertönt alle Geräusche.

Nur ein feines, tiefes Trampeln bleibt,
von den Rädern die dort oben,
in den Asphalt beissen, auf
dem langen Weg nach Norden;

nur ab und an übertönt
von den grossen Lastern,
die die kleinen Autos jagen,
oder von ihnen umschwirrt werden,
und von meinem Heimweh nach Hamburg.

Ich gehe unter der Autobahn entlang.
An der Uecker angekommen,
trete ich unter der Brücke heraus,
und nehme den Weg

an ihrem Ufer entlang.

Je weiter ich gehe,
desto mehr weicht der Autobahnlärm dem
Plätschern des Flusses,
und springende Fische hinterlassen Spuren, die
als konzentrische Ringe das Ufer erreichen.

Eine Schnepfe fühlt sich von mir gestört,
meckert mich tschilpend an,
um im nächsten Moment,
ob ihrer Keckheit selbst erschrocken,
die Flucht vor mir in die Luft anzutreten.

Ein Pulk Raben, oder Krähen,
die dies beobachtet hatten,
krähten sich blinzelnd zu, so,
als wollten sie die Kapriolen
der Schnepfe verhöhnen.
Zwei verwegene Padler im Kajak
kommen mir mit der Strömung entgegen, kaum
einmal ein Blatt eintauchend,
um die Richtung zu kontrollieren.

Sie nicken mir zu und lächeln,
ich winke zurück und versuche
mir vorzustellen wie sie wohl
das Wehr weiter oben überwunden haben.

Schon kommt Nieden wieder in Sicht,
der Neubau der Brücke.
Die langen Kräne wiegen sich

in der frischen Brise,
und ich stapfe heimwärts.

Ich freue mich
auf meinen knisternden Herd,
auf dem ich mir
einen Kaffee kochen werde,
um dann seine Temperatur
mit Milch und Whisky,
auf ein trinkbares Mass zu reduzieren.

Es ist schön,
dass der Frühschoppen ausgefallen ist,
ich habe die schreiende Stille genossen,
die Wege, auf denen mich sonst,
Frau oder Freund begleitet hatten.

Hamburg
28.11.2006

Armageddon
(Das Lied von seinem Armageddon)

Mit dem Kopf gegen die Wand,
der Zigarette Rauch im Dunkeln.
Blick, der nur leere Augen fand,
die in der Kristallkugel funkeln.

Endstation Wahnsinn,
sie beschleunigt den Fall.
Durch des Lebens Irrsinn,
seinen letzten Fall.

Lass uns Freunde bleiben,
sie stand so da und sagte,
alle Träume müssen sterben.
Als er warum fragte.

Er fiel tief und merkte,
dass er niemals wirklich fest stand.
Das er die Hand zur Sonne streckte,
doch das Glück rieselte wie Sand.

Irgendwo im freien Fall,
in dieser lautlosen Gewalt.
In der Endstation Wahnsinn,
sind seine stillen Schreie verhallt.

Hamburg
04.10.1986

Der Beginn vom Ende der Hoffnung

Die Wolken schauen bös
auf mich hernieder.
Das Blut des Mondes
fliesst darüber,
und alte Bäume recken
ihre Mieder.
Sieh! Fahle Büsche kauern
unter ihnen nieder.
Die Gräser singen
gar schaurige Lieder,
modrig ist der Duft,
der aus den Gräbern weicht.

Der Wind bricht kleine Äste ab.

Ein Irrlicht tanzt mir
durchs Moor entgegen
ein Rauschen lässt
gefallenen Blätter heben.
Die Landschaft ist
wie ohne Leben.
Nur karge Düsternis
gibt ihren Segen.
Du wagst es kaum noch
selbst zu leben.
Die Seele ist dir schwer
und doch vom Tod so leicht,

und die Gedanken ziehen dich hinab.

Allein sein ist
nicht Einsamkeit,
mit dünnem Band zur Heimat
hast du Heiterkeit
und bist vor jeder Angst gefeit.
Doch Einsamkeit,
auch wenn ihr nicht alleine seid,
heisst ohne feste Bindung
stets dem Tod bereit.
So nimmst den Tod du leichter an,
der um dich schleicht,

siehst ohne Furcht dein eigenes Grab.

Des Mondes Blut ist jäh zu Ende,
und blasser noch als je zuvor,
erhebst du deine Hände.
Beschwörst die Zukunft und
glaubst nur ans Ende,
auch diese Zeiten bringen
nicht die Wende.
Du denkst an sie, und
ihre zuckend Lende.
Sie ist nicht ehrlich,
ganz gewiss, vielleicht?

Und du beweinst was du an ihr gehabt.

Da – schau, die grosse Wolke
lacht mich aus,
mit ihren dicken Backen sieht sie
hämisch aus,
und viele Kleine

klatschen noch Applaus.
Ja, lacht nur, sagt es rundheraus
Familie, Glaube Hoffnung, das ist aus.
„Hast du geglaubt, dass es
für´s ganze Leben reicht?

Schmink´ dir das ab!"

Du warst ein gutes Stück
des Wegs Begleiter,
der Lebensweg aber ist breiter
so sei mein Freund,
sei froh und heiter,
ich lieb´dich doch
will nun alleine weiter
und möglichst hoch hinauf
die Leiter.
„Dann weiss ich", spricht sie,
„ich hab´s doch erreicht!
Ob es dann reicht,
was ich dann hab?

Den Rest der Träume nehm´ich mit ins Grab

Die Wolken schauen bös´hernieder,
das Blut des Mondes fliesst darüber,
und fröstelnd reck´ ich meine Glieder,
kommt diese Liebe jemals wieder?

Und Lebensangst mich
ohne dich beschleicht,
die Zeit allein wird knapp,
die ich noch hab.

Hamburg, 31.09.1999

Der lange Moment

Sanft gleiten Fingerkuppen,
über deine zarte Haut,
umkreisen jede Rundung um,
sich an ihren Hängen hinabzustürzen,
auf der Suche nach dem Weg
auf einen neuen Gipfel.

Zarte Glieder verschränken sich,
in Harmonie, um kurz darauf
wie aufgeschreckte Vögel hastig,
auseinander zu stieben,
erneut sich niedersetzend,
auf der Suche,
zu stürmen durch Kissenzipfel.

Heiss brennt Haut auf Haut,
gekühlt nur durch den Schweiss,
der jede Falte füllt,
auf den heissen Körpern,
die sich heizen in Liebesglut,
sich zärtlich aneinander reiben.

Wie vom Blitz getroffen,
lädt sich die Haut auf,
getränkt von Pheromonen und
vibrierend schlagen die Wellen hoch.
Fingernägel ritzen
einen lustvollen Schmerz,
hier lebe ich und ich will bleiben.

Dem zarten Flaum des Nackens folgend,
kreisend tasten über Schultern rund,
hin zu des Busens weicher,
warmer Rundung,
seh' ich die Knospen härter spriessen,
in köstlich bebender Erregung.

Bauch an Bauch, reibend,
gleitend, uns windend
auf dem weissen Laken kühl,
das knisternd, raschelnd
unseren Rhythmus aufnimmt.
Das Kribbeln macht Furore und
es gipfelt in steil - lasziver Bewegung.

Die Fahrt geht schneller,
rasend kosen, toben die Körper,
zucken, dampfen heiss,
und Atem stockend pulst
um's hämmernd' Herz zu übertönen
bis das die Lungen pressen
einen geilen Schrei.

Der Griff wird locker,
Muskeln weich und schmiegen,
Suchen nimmt anstatt den Platz,
der gerade noch von Lust erobert.
Das Zarte wagt, es geht den Berg hinab,
es ist vorbei.

Hamburg, 25.05.2006

Deutsches Roulette

Bei uns geht das
Schlag auf Schlag
und ohne Pardon
der Schaden dem Nachbarn
das fremde Gesocks
die Stadt des Feindes
die Irren,
die Krüppel

und wenn es sein muss
bis zur vorletzten Kugel
mit der letzten dann
durch den Mund
in den deutschen Kopf.

Hamburg
13.03.2006
Erstveröffentlichung in der Anthologie
„Die Lyrik Bibliothek", Bd. 8,
ISBN 978-3-8316-1354-Q.
Herbert Utz Verlag GmbH
Adalbertstr. 57
80799 München

Die Trennung...

(für mein Nätchen)

Sie erfolgte mit Wut
und Schmerz,
zurück bleibt ein wehes, ein
blutendes Herz.

Unaufhaltsam und immer wieder
rollen die Tränen,
es tut so weh,
dieses sich - nach - Dir - sehnen.

Zur Qual wird jeder Tag,
jede Stunde,
immer Du in meinen Gedanken,
dein Name in meinem Munde.

Ständig spüre ich
die Sehnsucht nach Dir,
dabei bin ich mir bewusst,
Du willst nicht mehr zu mir.

Aber dieses Wissen ist
verbunden mit Schmerzen,
trotzdem bleibst Du für immer,
in meinem Herzen.

Teterow
17.05.1996

Die Zeit danach

Es wird eine Zeit danach geben,
es gibt immer eine Zeit danach,

und wie sie auch heisst,
es wird nicht meine Zeit sein;

denn die ist mit Dir vergangen
und die Kälte bleibt.

Uwe Schmidt
Jörnstorf
14.02.1997

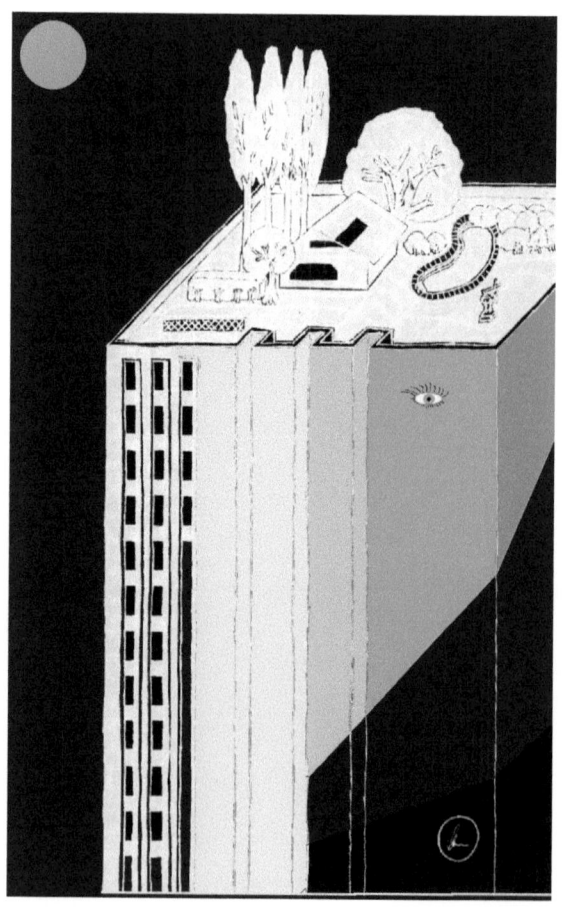

Dolchstoss

Tränen säumen den Pfad,
unseren Weg
den wir gehen müssen
bis zum Tod.

Hell leuchtet das Fest
und keiner ahnt,
wie wenig Gage es ist,
für das Lachen.

Schmerz ist an dem Pfad,
entlang des Weges
bis wir in des Lebens Lot.

Rot lodert das Herz,
und keiner ahnt,
wie leicht verletzbar es ist,
bis zum Schmerz.

Es ist kein fröhlich Streich,
mit Offenheit zu scherzen,
ein einziger Lacher schon,
reisst Wunden tiefer,
als Messers Schneide es,
vermögen können.

Wer stark ist trägt
ein starkes Schild
dem Feinde entgegen gerichtet.
Doch einfach ist´s
dem Freund es abzunehmen,
um seine Verwundbarkeit
dann zu belächeln.

Der Freund zeigte Dir
die offene Seite
und Du erkennst was keiner sonst
erkennen möchte.

Nun bist Du stärker noch als er,
doch kämpfst du nicht
mit ihm, Seit an Seit.

In die blanke Seit´
hast Du hinein gestochen
und freust Dich über Deinen Sieg.

Ein Pyrrhussieg.

Du hast gewonnen.
Ich gönn´ das Hochgefühl.
Doch nicht im Kampf
warst Du so stark,
es sei, genieße nun
den bitteren Triumph.

Der Kämpfer hat gelernt,
zeig Deine offne Seite nicht,
denn keiner ist so Freund,
das er dich halten könnt,
wenn er gesiegt,
um eigne Schwäche
zu verdecken.

Uwe Schmidt
Bad Berleburg
April 1999

Du bist

Augen wie Sterne,
ich sehe sie ganz
Deine Haut wie Samt
für mich wie ein immer neues Land.

Die Saiten meiner Seele
lässt Du erklingen
doch die Töne,
lässt Du sie in Dich dringen ?
Ich will Dich nicht besiegen
nur in den Armen wiegen.

Wie hab ich Dich geliebt,
ob Dir das mal was gibt ?
Du bist - in mir !
Ich bin - in Dir.

ohne Entrinnen
in all Deinen Sinnen.
Vergiss nicht mein Lachen.
Nach dem Ende kann
es Dich glücklich machen.

Und dennoch auf ewig sind wir zwei.
Liebe hin Liebe her – es ist fast einerlei,
für mich bist Du der hellste Ton,
na klar, denn Du bist mein Sohn.

Uwe Schmidt
Hamburg
01.11.1992

Eigenwert

Deine Welt ist schwarz,
du siehst nichts.
Du denkst nur noch an das,
willst nur noch schlafen,

um dieser Welt zu entfliehen,
in der das Gute verboten ist,
und einem deshalb
brutal genommen wird.

Doch in der Schwärze
leuchtet ein kleiner Stern,
du siehst ihn kaum,
doch es gibt ihn.

Er leuchtet für dich,
der Stern der Freiheit,
des wahren Lebens.

Auf ihm musst du
dich nicht verstecken,
brauchst keine Masken zu tragen,
sondern kannst du selber sein.

Du sehnst dich
nach diesem Stern?
Um zu ihm zu gelangen,
musst du dich einfach nur
fallen lassen,
alles hinter dir lassen.

Dann spürst du nichts mehr;
Weder die Angst,
noch die Verzweiflung,
noch das Gefängnis,
das du dir selber schufst,
welches deine Welt so verdunkelt.

Du lässt dich wiegen
in den Wellen des Glücks.
Sanft trägt dich die Hoffnung,
die Hoffnung auf Veränderung. Der
ferne Stern ist nicht der Tod, sondern
das Leben!

Leben ohne das innere Sterben!
Mach dich frei vom HABEN.
Akzeptiere das SEIN,
dann bist du auf dem Weg zu ES,
zu dir selbst und deinem Glück.

Hamburg
24.02.2006

Erwacht?

Ich bin erwacht,
in der Nacht,
ein merkwürdiges Gespür
und wie durch Geisterhand
eröffnet sich die Zellentür.

Im Lichtkreis dort!
Oh, geh´nicht fort!
Deinen Schatten genossen,
die langen, dunklen Haare,
dann wird die Tür geschlossen.

Stockdunkel.
Leises Gemunkel.
Behende leichter Schritt,
weht fast auf meine Pritsche zu -
bist das wirklich Du?

Ich wähnte mich allein,
du liessest die Neugier herein,
zarte, kosende Hände,
der Duft deiner Briefe,
das alles spricht Bände.

Dein Atem tiriliert,
dein Körper im Geviert,
dein dunkler Schatten füllt.
Du huschst unters Laken,
holst mich in eine andere Welt.

Sehnsucht erfüllt.
Hunger gestillt,
der Schalk in deinem Lachen,

ich bin so verwirrt,
ein Traum? - Nur nicht erwachen!

Sich in Hitze biegen,
der Kampf, wo beide siegen,
küssen, streicheln, kosen,
saugen, kratzen, schmatzen,
dein Duft – wie tausend Rosen!

Wärme und Verstehen,
gefühlt und nicht gesehen,
feuchte satte Düfte,
schmusen, kitzeln, reiben,
letztes Zucken deiner Hüfte.

Selig in den Armen,
der Einsamkeit erbarmen,
Geist und Körper erbauen,
begeistert sich erfreuen,
tief in die Augen schauen.

Dann plötzlich noch einmal
aus dem Traum erwacht!
In der kleinen Zelle
allein, es ist schwarze Nacht.

Hamburg
06.02.2007

Es bricht

Aus heit´rer Stimmung froher Runde
und fröhlich unbedachtem Lachen,
wo Schnaps und Leichtigkeit bedeckt,
worüber sonst gesetzte Worte wachen.

Da bricht´s heraus
in unbedachtem Satze
und es gebiert den Schrecken,
in so kurzer Zeit.
Und unverhofft, so
wie ein Hammerschlag,
liegt Schmerz im Raume,
macht sich rasend breit.

Der Druck liegt schwer auf aller Seelen
Und greifbar scheint die Ungemach als Last,
sich auf die Schultern aller abzulegen,
und peinlich berührt, geht der liebe Gast.

Dann ist nur Stille,
die laut im Raume schreit,
die wiederhallt
im jetzt so leeren Zimmer,
der Gast – die liebe Freundin fort,
es schmerzt mich,
und ich fürchte nur,
es ist für immer.

Wie gerne hätt´ich sie genommen,
in meine Arme, um ihr Trost zu spenden,
ihr ihre heissen Wangen gern gekühlt,
um alles noch zum Guten hinzuwenden.

Dann war sie fort.
Wie geht sie damit um?
Kann sie den Tiefschlag
ganz allein bestehn´?
Und Sorge um ihr Wohl,
fühl ich in mir,
nur ungern liess ich
sie alleine gehn´.

Und plötzlich merke ich in mir,
ich mag sie mehr als ich es dürfte,
und ich bin verwirrt.
Hab ich mich unbewusst in sie verliebt?
Ich mag sie, klar als Freund –
hab ich mich so geirrt?

Ich dränge den Gedanken
schnell beiseite,
ihr Freund geht auch
und ich bin voll von Wein.
Gedanken stolpern,
rasen durch die Schläfe,
und sie ist mit dem
ganzen Schmerz allein.

Ich geh´zur Ruh´und
kann doch Ruh´nicht finden
ich weiss, ich hab
ganz zärtliche Gefühle,
und hin und her geht mir
des Blutes Rausch,
beruhigend ist nur
meines Bettes Kühle.

Das Telefon ... und sie ist dran,
sofort wird mir ganz heiss,
ich bin beruhigt und aufgeregt,
bin nüchtern und erwacht.
Ihr geht es gut, sie ist zu Haus,
will mich bald wieder sehn´
bin von Gefühlen aufgewühlt
wünsch´ ihr eine gute Nacht.

Wenn ich ihr sage, was ich fühl´,
vielleicht lacht sie mich aus,
was soll ich tun, da ist mein Freund,
der mit der Seinen stritt.
als ich spürte, dass ich liebe,
hab ich eine Brücke gebaut,
ich kann nicht verstehn´
welcher Teufel ihn ritt.

Auf der anderen Seite da ist sie,
er hat sie so verletzt,
eine wunderbare Frau,
die ich lieb´und begehr´,
und ein alternder Mann, in dem
das Feuer noch einmal erglüht,
ich spür´dass ich mich
vor Verlangen verzehr´.

Hamburg, 00.00.2003

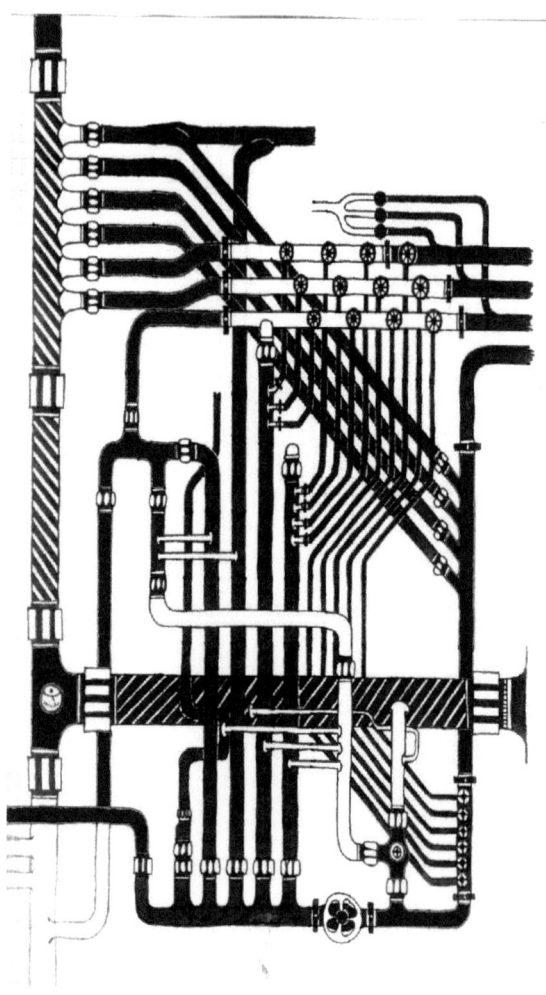

Es muss !

Alle Ängste ferner Einsamkeiten
fall´n aus leeren Räumen auf mich nieder.
Hebe ich im Schlaf die Augenlider,
fühle ich die ungeborenen Zeiten.

Spüre eines Weltalls kalte Späher
aus dem Kerne weite Kreise ziehen.
Ihre Ringe rücken immer näher,
ihren Kräften kann ich nicht entfliehen,

die mich bald in ihre Bahnen leiten-
tiefer, tiefer in Unendlichkeiten.
Weißt du es wohl die mich umfängt,
wie Sternennebel sich zusammendrängt,
Planetenmasse sich an Sonnen hängt -
urewige Kraft zu ewigen Kräften lenkt?

So - auseinander einst gerissen -
zerschellt, zerstäubt,
in Weltvernichtungsgüssen,
wir auch auf´s neu zusammenstossen müssen -

in eins geschmolzen
unter Flammenküssen.

Uwe Schmidt
Hamburg 1999

Falscher Verdacht

Es schwebt böse über uns,
wir lassen es nicht zu,
egal was andrer denken, sagen,
es gibt nur ich und Du.

Die Falschheit macht das Leben schwer,
Mensch glaubt nur die eigene Fantasie,
die so abgrundtief verdorben ist,
so ist die Wahrheit nie!

So müssen wir uns auswärts treffen,
Behörden lassen sich viel Zeit.
Und während das Leben sich zerstört,
machen sie sich zum Todesstoss bereit.

Das was sie meinten sühnen zu müssen,
auch wenn die Wahrheit sich endlich zeigt,
ist doppelt gestraft auch ohne Schuld,
wenn die Waage Justizia´s sich neigt.

So leben sie alle ihre kranken Fantasien,
und hassen und schubsen Dich weg,
wenn deine Unschuld sich letztlich zeigt,
dein Stigma, das hast du weg.

Der Glaube, die Liebe der Freundin hilft,
dir in dieser peinlichen Spur,
die Freundin die glaubt, egal was kommt,
ihr Gefühl weiss die Wahrheit nur.

So begebe ich mich ohne rechten Glauben,
der irdischen Gerechtigkeit in die Hand,
und frage, wird man mir die Wahrheit Glauben?
Und lege mein Schicksal in Deine Hand.

                                                         Hamburg 28.04.2004

Ferne

Es sind schwere Tage hier
Und mein Herz fliegt heut' zu Dir.
Selber kommen kann ich nicht,
darum schick ich ein Gedicht.

Liebes Weib, Du sollst es wissen,
nein, ich möchte Dich nicht mehr missen.
Und ich sag's Dir nicht zum Scherzen,
ich trag Dich in meinem Herzen.

Wenn Du willst sei es für immer,
und nicht nur ein kurzer Schimmer.
Hell erstrahlen wie die Sonne,
und die Zukunft sei voll Wonne.

Himmel heil! und strahlend klar,
wie es niemals vorher war,
all dies möchte ich Dir schenken,
ich werd' immer an Dich denken.

Was ich geb', geb' ich mit Liebe,
anfangs erst, wie zarte Triebe,
heute lieb ich mit viel Kraft,
das allein hast Du geschafft.

Ja, es ist, ich lieb Dich sehr,
jeden Tag ein bisschen mehr,
und so soll die Liebe sein,
das wir einander immer freu'n.

                                                      Aarhus 12.02.2002

Frieden

Heute rufe ich dir zu
Heute kannst du Frieden schaffen!
Lange widerstrebtest du,
nun sei dafür endlich offen!

Und was ward dir warm ums Herz,
bei raffen, horten, Kaufeslust
Spürst du nicht des Krieges Schmerz,
deine Einsamkeit, den kalten Frust?

Und was ward dir, armes Kind,
auf der Werbung wilden Wegen,
vorgemacht was Freuden sind,
kannst du wirklich was bewegen?
Kannst du Rechenschaft mir legen?

Ja, Dein Glück zerfällt zu Staub,
und dein Hoffen wird zu schanden,
fällt dem schleichend Krieg zum Raub,
seufztest nur in harten Banden.

Vieles was dich retten sollt',
hat den Krieg nur angefacht,
Gleichheit hast du nie gewollt,
echten Fortschritt weggemacht.

Ungerechtigkeit nicht sehen,
fördert Angst und Hass und Mord,
Erde liegt in letzten Wehen,
Geld und HABEN ist dein Sport,

und Bedenken wischt du fort.

Kehre um und komm zum SEIN,
Frieden und Gerechtigkeit,
damit bist du nicht allein,
noch steh'n viele Türen weit.

HABEN ist ein endlich Gut,
wähle SEIN für's Lebensglück,
spare anderer Menschen Blut,
noch gibt's einen Weg zurück.

Reiss dich los, noch ist es Zeit,
HABEN ist nicht Leben.
Immer mehr sind jetzt bereit,
mehr zu geben als zu nehmen.

Schwört ab den Waffen, der Gewalt,
bringt Menschlichkeit in der Gestalt,
schwört ab der Gier, dem HABEN,
im SEIN, im Lieben, Seele laben,
den Geist entwickeln in Poesie,
ergötzen sich, in Fantasie,

und immer wieder LIEBEN!

Hamburg 19.02.2007

Gedicht an mein Prinzesschen

Du, schlank und rein wie eine Flamme,
Du, wie der Morgen zart und licht.
Du, blühend Weib, wie von edlem Stamme.
Du, wie ein Quell geheim und licht.

Begleitest mich auf sonnigen Matten,
Umschauerst mich im Abendrauch,
Erleuchtest meinen Weg im Schatten,
Du kühler Wind du heißer Hauch.

Du bist mein Wunsch und mein Gedanke.
Ich atme dich mit jeder Luft.
Ich schlürfe dich mit jedem Tranke,
Ich küsse dich mit jedem Duft.

Du blühend Weib wie von edlem Stamme
Das grüne Licht dein Auge bricht.
Du brennst und wärmst wie eine Flamme,
Du bist mein morgen zart und licht.

UweSchmidt
Satow 1997

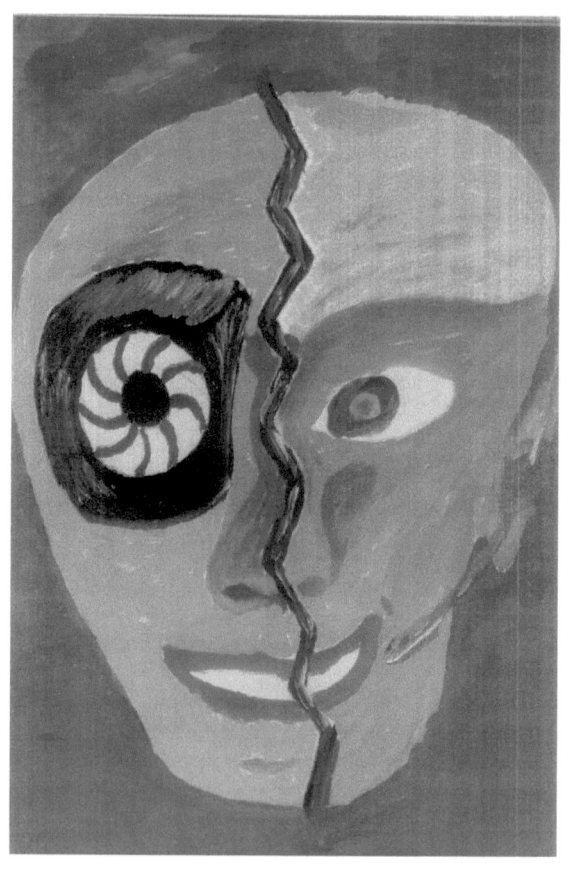

Geburtstag

Ein lieber Mensch betrat die Welt,
vor vielen, vielen Jahren.

Sie hat gelebt, geweint, gelacht,
sie hat gar viel erfahren.

Erst gab es Kinder, dann gab´s Enkel.
Denn die Kinder sind schon lange gross.

Du lebst, du feierst, gehst spazieren.
fragst, wo ist denn mein Leben bloss?

Du kommst zur inneren Ruhe,
du kommst zum ruhigen Denken,

willst dein Leben neu sortieren,
vielleicht in neue Bahnen lenken?

Ideen gibst da viele schon,
und Emotionen auch,

Entscheidungen fallen im Kopf,
zum Glück aber auch im Bauch.

Nun bist du hin und her gerissen,
und gehst gar in Klausur.

Möchtest dich noch mal neu orientieren.
Dafür biete ich dir Leben pur!

Kein Status hab ich, nicht Geld noch Gut,
nur Hoffnung, Kraft und Mut,

Begeisterung, Ideen und viel Elan,
Küsse, Streicheln - Liebesglut.

Noch einmal ganz von vorn beginnen,
mit unsere Hände, Köpfe Kraft.

Die Welt noch mal ein Stück bewegen,
und Wissen, das man etwas schafft.

Ein Häuschen bauen, Garten pflanzen,
eine Oase für Liebe und Lust.

Und Reisen, Seen und Berge schauen. Nie
wieder Einsamkeit und Frust.

An all das muss ich denken,
wenn ich schreibe dies Gedicht,

und muss dich liebend fragen,
bist du auf mich erpicht?

Ich sehe in die Zukunft mit dir,
voll Tatendrang und frischem Mut

ich hoffe, wir kommen zusammen und
tun einander liebend gut.

So wünsch ich uns eine Zukunft
zu deinem Geburtstag heut

auf noch viel spannendes Leben,
auf Freude, die uns nicht reut.

Für mein Schneckchen
zum Geburtstag
Hamburg 15.09.2003

Gestern Abend

Dein Bauch, so heiss wie Wüstensand,
dein Duft bringt mich um den Verstand,
dein Atem heiss in meinem Ohr,
die Lippen mit dem Liebesschwur.

Die Säfte dampften, strömten, flossen,
oh, wie hab ich dich genossen.
Dein Rhythmus, pulsend wie dein Blut,
und deine Hände taten sooo guuut.

Der Sturm, der unterbrach das Kosen,
und der Orkan mit lautem Tosen.
Die Wogen brachen bald hernieder,
die Welten kamen immer wieder.

Du brachtest meinen Saft zum kochen,
pariertest meinen Liebesknochen,
wie gern ich mich in deinen Armen wand,
du brachtest mich um den Verstand.

So beiss mich doch, kratz mir das Fell,
du göttlich, sinnlicher Liebesquell.
Wie du so zart meine Bällchen greifst
und sanft-hart in meine Warzen beisst

Dann brach der Schrei,
mit konvulsischem Zucken,
während sich unsere Leiber
zusammen ducken.

Und die Wogen umspülen
noch warm deine Wangen,
deine Schenkel klammern
als zuckende Zangen.

Der Atem wird ruhiger,
seh' deine Augen blitzen,
spüre Fingernägel,
die zärtlich ritzen.

Wir waren mit unseren
Leibern heiss entflammt,
und nun zärtliches Streicheln,
und ganz entspannt.

Nieden
06.10.2003

Man muss Acht geben
wenn einen morgens
der Tod anlächelt.

Heute morgen hab ich in den Spiegel geschaut
Und den Tod geseh´n.
Er war grau und gar nicht schön.
Er hat mich in den Arm gezwickt.
Ich sagte: „Du machst mich nicht verrückt."

„Warum kämpfst du so verbissen",
hat er gefragt.
Ich habe gar nichts gesagt.
„Dein Auftrag ist getan, vorbei,
du hast keine Liebe, nur Liebelei.

Die Kinder könne alleine leben,
vielleicht sogar besser ohne dich!
Sieh endlich ein, du bist unwichtig;
Und Schmerz bei jeder Bewegung
Und Qualen bei jeder Regung."

Er sprach: „nun gib doch endlich auf,
komm doch mit.
Es wird ein sanfter Ritt.
Du wirst nicht gequält, wie die Ahnen sagen,
du kannst dich an schönen Dingen laben!"

Und er schaut mich an, mit kaltem Grinsen.
„Sei doch nicht so stur,
sie läuft ab, die Lebensuhr.
Ja, schau noch mal in den Spiegel,
mein Gott, was ich sehe ist übel.

Du bekommst kaum noch Luft beim Husten,
die Gelenke knacken,
und zwischendurch kleine Herzattacken,
und es klingt dein quälender Husten,
als würd´s du das letzte mal pusten.

Dein Gesicht ist grau,
keine Frau, zuviel Rum und Tabak,
ja sieh´ richtig hin, du bist ein Wrack!
Den Rücken kriegst du nicht mehr krumm,
sieh endlich ein, deine Zeit ist um.

Du schaffst es nicht mehr, lass nach!
Der Bauch, der stört dich schon beim Sitzen,
beim Kohlen holen musst du schwitzen,
die Gelenke geschwollen, na?, kriegen wir Gicht?
Und langsam wird dunkel dein Augenlicht.

Ich sag es dir mein Freund,
komm herüber mit mir, in das andere Reich,
dort mein Lieber, sind alle gleich.
Es ist ruhig, und ohne Sorgen friedlich,
es ist warm, entspannt und urgemütlich."

Ich sah ihn an, wohl ohne Rede,
und seine Worte salbten mein Ohr,
und so zog ich zum gehen meinen Mantel hervor.
Ein Brief fiel heraus, er war von dir, ach.
Und in diesem Moment wurde mein Leben wach.

Du hast mir geschrieben, ich trag´s bei mir,
das du mich sehr liebst, da kann ich hoffen,
und damit ist das ganze Leben noch offen.
Geliebt werden heißt, man kann alles erreichen,
„Gevatter, die Rechnung muss ich später
begleichen."

„Nein, grauer Mann, trag die Sense und geh´
ohne mich,
denn ich weis, ich habe ein Ziel.
Vielleicht schaff´ ich nicht alles, aber viel.
Es ist noch nicht Zeit, ich hab noch zu tun,
vielleicht wenn ich fertig bin, kann ich ruh´n.

Aber sei bitte so nett,
dass ich nicht unhöflich werde,
und verschwinde von meinem Stückchen Erde.
Denn ist es soweit, dann lass´ ich´s dich wissen,
bis dahin, verzeih´,
werd´ ich dich nicht vermissen.

Uwe Schmidt
Nieden
08.01.2001

Grabstein

Ich suche den Grabstein
von meinem Opa,
ich will ihn in Nieden einmauern,
den Stein.
Ich finde ihn nicht.
Den Opa Eckerle,

Im Tode aufgereiht,
wie im Leben.
Stein auf Stein im Planquadrat.
GT66/486 seine Nummer,
in beklemmender Stille.

Er ist nicht da.
Der Stein.

Dabei läuft sein Tod erst Ende des Jahres ab.

Keine Zeit,
nicht mal die Ewigkeit,
hat Zeit für die Toten.

Die nächsten Leichen drängen nach,
Knochen werden in Etagen geschichtet.
Ohlsdorf, Spiegelbild der Grossstadt.
Im Tode so beengt wie das Leben,

GT Länge, 66 Breite,
tote Wege und Plätze für Tote.
Die Toten mit Steinen beschwert,
damit sie nicht fliehen.

Ich habe ihn da raus geholt,
aus der Monotonie,

seinen Stein vor der Halde gerettet,
der Halde des endgültigen Vergessens,
habe ihn mitgenommen aufs Land.

Das war immer sein Traum,
zurück in die Heimat.
Er hatte viele Träume,
man hat sie ihm zerstört.

Niemand hat das interessiert,
er sollte rational sein.
ein fremdes Leben führen.

Lebe deine Träume,
sagte er oft zu mir,
es war das Wichtigste
was er mir mitgab.

In die Mauer am Birnbaum,
den ich für ihn pflanzte,
habe ich seinen Stein eingemauert,
für die Ewigkeit

Hier kann ich
Zwiegespräch führen mit ihm,
mit dem, dem keiner richtig zuhörte.
Über damals, über die Geschichte,
meine Kindheit,
und unsere Streiche,
die keiner mehr wissen will.

Hamburg-Ohlsdorf
25.10.2003

Irgendwo

Im Laufe der Zeit
kam ich immer irgendwo an;
und brach bald
zu einem neuen Irgendwo auf
so nahm die Zeit,
ihren ungebrochenen Lauf.

Wenn ich unterwegs, zu einem irgendwo war
nahm ich das Gestern kaum noch wahr.

Hoffte ich immer,
fand es doch nimmer,
dass es sich lohnt irgendwo anzukommen,
von dem Tempo total benommen.

Aber es gab nie ein Irgendwo,
das Heimat war und ich ging,
bald wieder wenn das Irgendwo
mich zu eng umfing;

um mir die Erfüllung auf
das wirklich Ersehnte zu erhoffen,
wo auch Heimat ist
und die Arme offen,

Wo ich sein kann, wie ich bin,
da macht alles, wieder Sinn,
wo Freiheit ist, ohne Klagen,
ohne klammern, ohne zagen,

da will ich neu
das Leben wagen!

Hamburg, 19.11.2007

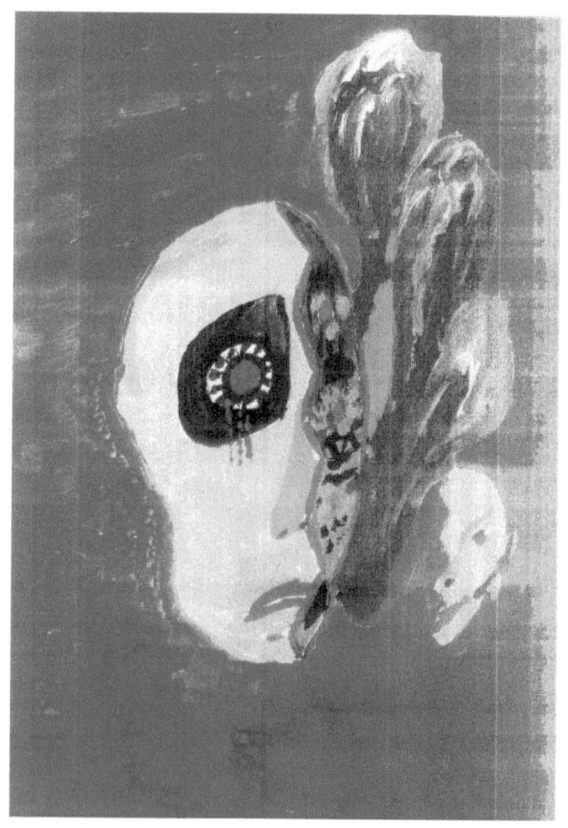

**Jetzt wo es dich gibt,
ist alles anders!**

Die Luft ist mild,
der Himmel blauer,
Sterne strahlen in hellem Bild,
die wir gemeinsam sehen.

Die Arbeit geht gut voran,
ich habe schon Erfolg,
ich steh' viel leichter meinen Mann,
weil wir zusammenstehen.

Die Zukunft ist nicht mehr so grau,
die Hoffnung ist wieder da,
und meine Kraft kommt zielgenau,
denn du kannst mich verstehen.

Gern nehme ich dich in meinen Arm,
und ich halt dich sicher
und ich halt dich warm,
weil wir jetzt zusammengehen.

Alleine hat man nie die Kraft,
wie in Gemeinsamkeit,
auch wenn man nicht das doppelte schafft,
das Leben wird schöner vergehen.

Warum an harten Zielen ergötzen,
die keine Liebe bringen,
die werden immer nur anderen nützen,
lass uns in Liebe erglühen.

Hamburg, 14.10.2003

Klagelied eines Gattenmörders

Zärtlich die Gespielin küssend
weint er, seine Frau vermissend
und oral!

saugt sie schmatzend seine Hoden,
seine Tränen fall'n zu Boden,
wie banal!

Wären das nur ihre Hände,
denkt's und knabbert ihre Lende,
femmé fatal!

Sie ist gut, ja, das wird teuer,
und sie ist ihm nicht geheuer,
rnach's nochmal!

Hinterrücks lag er auf Lauer,
sie verscharrt er an der Mauer
saubrutal!

Während seine Frau vermodert,
nach ihr er in Geilheit lodert,
welch ein Pfahl!

Ja, er war ihr wirklich böse,
jetzt vermisst er ihre Möse,
welche Qual!

Endlich kann er doch noch spritzen,
mochte nie gekaufte Ritzen,
schlaffer Aal!

Viel zu spät kommt nun die Reue,
braucht `ne Gattin, braucht ne neue,
so - nun zahl.

Kauft sich `ne High-Tech Gummimuschi,
die ist fast so gut wie Uschi,
epochal!

            Hamburg, 11.07.2005

Konsum

Kaufen, kaufen, heute billig,
Handys, Boote, Autos, Häuser.
Die Preise fallen, es fällt der Lohn,
für "nen Hungerlohn ganz billig,
arbeiten, arbeiten wird zum Hohn.

Wer was herstellt kann's kaum kaufen
Handys, Boote, Autos, Häuser,
wird vom Schuften kaum noch satt,
monatlich die Haare raufen,
und der Job, der macht dich platt.

Heute billig, kaufen raffen,
den Billig-Schrott, der geht kaputt.
Wer was leistet, der wird reich!
Nach der neuesten Mode gaffen,
Lügen machen Köpfe weich, und die
Unternehmer reich.

Wieder auf den Wert besinnen,
Liebe und Gemeinsamkeit.
Im Gespräch "nen Freund gewinnen,
Herzlichkeit und Offenheit.

Tanzen, singen, spielen, scherzen,
Worte, die vom warmen Herzen,
küssen, kosen, fröhlich fetzen,
kann dir das dein Geld ersetzen?

Hamburg, 11.07.2005

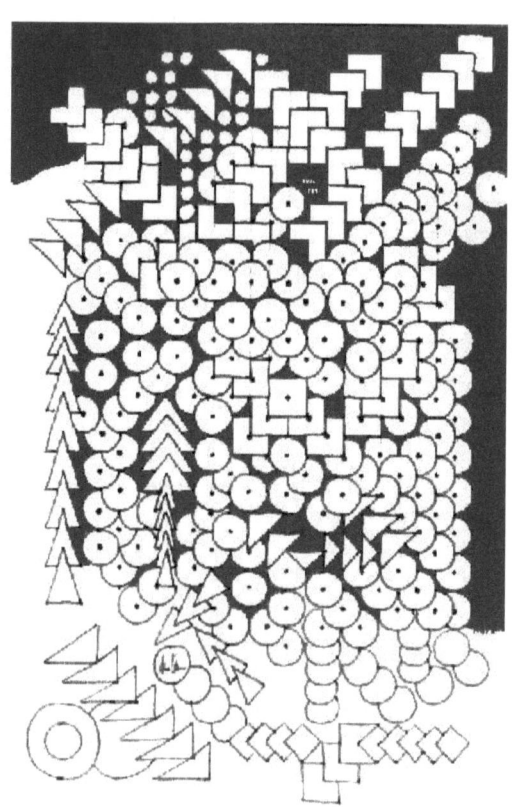

Krank

Wer gegen die Gesetze dieser Gesellschaft
nie verstossen hat und nie verstösst,
und nie verstossen will -
der ist krank

Und wer sich noch immer nicht krank fühlt,
an dieser Zeit
in der wir leben müssen,
der ist krank.

Wer sich seiner Schamteile schämt,
und sie nicht liebkost und die Scham anderer,
die er liebt, nicht liebkost ohne Scham,
der ist krank.

Wer sich abschrecken lässt,
durch die, die ihn krankhaft nennen,
und die ihn krank machen wollen,
der ist krank.

Wer geachtet sein will,
von denen die er verachtet,
wenn er den Mut dazu aufbringt,
der ist krank.

Wer kein Mitleid hat,
mit denen, die er missachten soll,
und bekämpfen muss, um als gesund zu gelten,
der ist krank.

Wer sein Mitleid dazu gebraucht,
die Kranken nicht zu bekämpfen,

die um ihn herum andere krank machen,
der muss krank sein.

Wer sich zum Papst der Moral
und zum Vorschriftenmacher, der Liebe macht,
der ist so pervers wie der Papst,
der ist krank.

Wer glaubt, dass er Frieden haben kann,
ohne Freiheit, ohne Liebe,
ohne Gerechtigkeit,
der ist krank.

Ohne gegen seine eigene Krankheit,
und die seiner Freunde und Feinde,und seiner
Päpste, seiner Mullahs und Gurus zu kämpfen,
der ist krank.

Wer meint, dass er, weil er gesund ist,
ein besserer Mensch ist,
als die kranken Menschen um ihn herum,
der ist krank.

Wer in unserer kranken Gesellschaft,
in der alles nach Rettung schreit, keinen
einzigen Weg sieht, zu retten,
der ist krank.

Wer glaubt, gesund zu sein,
der ist krank.

Hamburg, 19.02.2007

Ostern – Familienfeier

Lange Ohren, kurze Nase,
vor uns steht der Osterhase.
Bunte Eier in der Kiepe,
vorgewölbte Schnupperlippe,
hoppelt er von Kind zu Kind,
bringt Schokoeier ganz geschwind.

Strahlend geh'n die Kleinen suchen,
Schokoeier, Kekse, Kuchen,
hinter Büschen, Stauden, Gras
Ostern ist ein Riesenspass;
Und sie sammeln, suchen, lachen,
finden bunte, schöne Sachen.

Dann vernaschen sie die Beute.
Warum morgen? Alles heute!
Händchen sind ganz braun und fleckig,
schau, die Kleidung, die wird scheckig,
die Familie fröhlich schwatzend,
und die Kleinen lachend, schmatzend.

Ostern ist Familienfeier,
Braten, Kuchen, bunte Eier,
zwischen all den Kuchenkrumen,
schenkt der Frühling bunte Blumen
und begrüsst das Sommerjahr,
heut ist alles wunderbar.

Heute morgen Friedensdemo
wichtiges Antikriegs-Memo.

Jedes Jahr sollt ihr dran denken,
unserer Welt den Frieden schenken,
Ostern sei ein Friedensfest,
Krieg gibt uns'rer Welt den Rest.

Und bei allem Lachen, Tollen,
Gedanken auch dem Frieden zollen,
viele andre müssen leiden,
ob nun Christen oder Heiden,
Waffen bringen keinen Frieden,
Freiheit, Gleichheit, lasst uns lieben.

Menschlichkeit sei Osterbotschaft,
drängt, das Waffen abgeschafft.
Mit dem Geld den Hunger stillen,
lehren für den freien Willen,
Kunst, Geduld, und Freud' wie nie,
bringt euch Osterphilosophie.

Hamburg
26.04.2006
Strophen 5-7
24.08.2008

Zeit mit Dir

Gemein ist das was Zeit sich nennt,
wegen, weil sie einmal rennt,
wenn man glücklich und zufrieden

wartet man auf einen Lieben
schleicht die Zeit Sekund´ um Sekund´
bis man erreicht den liebenden Mund.

und das Blut, pulst vor Erregung
in Erwartung Deiner Segnung
auf die Freude, die wir hoffen,

jedes mal ist alles offen
ob die Liebe hat Bestand?
Und dann geh´n wir Hand in Hand.

Uwe Schmidt
Nieden 2000

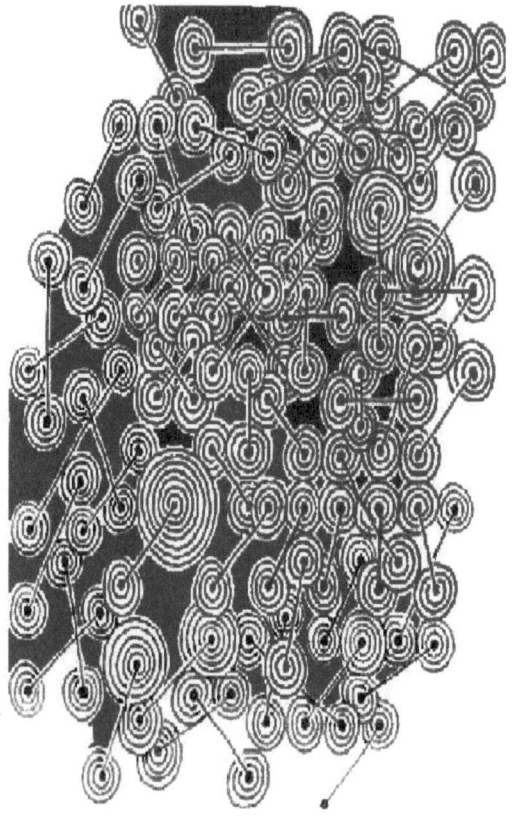

Bisher erschienene Titel des Autors:

„Einige Fussel aus meinem Leichentuch"

Autobiographische Kurzgeschichten und Essays

ISBN 978 373 228 4245   12,99 €

Rezension1: Dieses Buch habe ich, obwohl ich nicht gerne lese, verschlungen. Die Geschichten sind meist kurz genug, um schnell mal eine zu lesen. Und sie entspannen einen. Die Geschichten sind aus dem Leben gegriffen: Mal zum Nachdenken, mal zum Lachen.
Die Sprache ist einfach, aber nicht eintönig. Man kommt schnell rein in jede Geschichte und kann sich gut in den Erzähler und die Situation hinein versetzen. Es sind vor allem Geschichten der Zwischenmensch-lichkeit, aber nicht der unbedingt gewöhnlichen oder einfachen.

Es macht einfach Freude, dieses Buch zu lesen - oder auch vorzulesen, wie ich kürzlich feststellte.

Rezension2: Obwohl der Literat (oder gerade deswegen) sich Künstler schimpft wurde mir das Buch empfohlen. MIR (!), der eigentlich ein gestörtes Verhältnis zur Kunst hat. Vertrete ich spätestens seit von Beuys schmutziger Badewanne, seit dem Rekorderlös für ein zerwühltes Bett für 2,x Mio. € und der Ausstellung in der Hamburger Kunsthalle für zeitgenössische Kunst die Meinung, das Kunstvertrieb nur begnadete Marketingkünstler beherrschen, die dann ggf. jede Scheiße für horrende Summen verkaufen können. (Apropos: In Norwegen kann man sich konservierte Elchscheisse als Ohrringe kaufen...).

Aber genau deswegen haben mir die beiden Geschichten gefallen, wo mir der Künstler in einen wohl seltenen Moment von Ehrlichkeit genau dies bestätigt, und mir extra Provokanten auftreten seine Bilder und sich erfolgreich ins Gespräch brachte. Das war schon saukomisch. Während andere Einblicke in sein Leben sehr nachdenklich bis melancholisch anmuteten.

Wie das so ist mit vielen kleinen Kurzgeschichten: Eine Geschichte gefiel mir nicht, dafür war der Rest genial. Sehr zu empfehlen.

Rezension3: Das Buch versetzt einen in seine eigene Kindheit in den 70er Jahren zurück. Es ist aufregend, aber auch ein wenig verrückt geschrieben. Auch künstlerisch hat sich der Autor in diesem Buch verewigt, die Bilder regen sehr zum Nachdenken an. Ich lese selten bzw. fast gar keine Bücher, aber dieses Buch wurde mir von einer sehr guten Freundin empfohlen und ich rang mich durch es an zu fangen. Nun habe ich es bereits fast durch gelesen und habe mir bereits den Nachfolger bestellt. Kann es nur jedem empfehlen, der entweder wieder die 70er erleben oder wissen will was wohl die Eltern so getrieben haben.

„Mehr Fussel aus meinem Leichentuch"

Autobiographische Kurzgeschichten und Essays

ISBN 978 373 229 0215   **13,99 €**

Rezension 1: Dieses Buch habe ich genossen! Absolut lesenswert und ein Muss als Urlaubslektüre, wenn man mehr als Trivialität erleben möchte.
Rezension 2: Konnte das Buch nicht mehr aus der Hand legen, habe gelacht, war nachdenklich und habe geträumt... Besonders haben mir die Bilder gefallen, die zwar nicht immer zu der Story passten, aber immer beeindruckend waren.
Rezension 3: Bin wieder begeistert, wie vom ersten Band. Besonders das Goggomobil und gestrandet sind wunderbare Geschichten. Muss man gelesen haben. Ich freue mich auf Band III
Rezension 4: Das erste Buch war es schon wert, gelesen zu werden, das zweite steht dem in nichts nach: Besonders die Geschichte "Goggomobil" lohnt sich. Man kann sich die Lausbuben und ihr Treiben richtig gut vorstellen; es macht Spaß, diese Geschichte zu lesen, man

muss oft lachen und manches Mal kommt man auch ins Träumen, wie es wohl gewesen sein muss, in den 60ern als Jugendlicher zu leben.

Aber auch die anderen vielen kleinen Geschichten lohnen sich, besonders auch, da es eine bunte Mischung ist, und daher für jeden Geschmack etwas dabei. Die wild eingestreuten Bilder runden das Buch ab.

„Noch mehr Fussel aus meinem Leichentuch"

Autobiographische Kurzgeschichten und Essays

Rezension: Ein wunderbares Buch mit Kurzgeschichten und Essays. Nicht immer politisch korrekt aber gerade deshalb lesenswert. Autobiographisches zum Schmunzeln, gesellschaftspolitisches zum Nachdenken, alles in kleinen Häppchen. Ideal für die Badewanne, in der Bahn oder vor dem Einschlafen. ich habe gleich 5 weitere Bücher zum verschenken bestellt und werde mir nun auch die, leider etwas teureren, Bände I+II besorgen. Sehr zu empfehlen.

ISBN 978 373 229 9386   **9,99 €**

„SUIZID I"   ISBN 978 373 479 1918   **5,99 €**

Einige mehr oder weniger erotische Gedichte und Balladen. Aktuelle aber nicht modernistische Werke.

„SUIZID II"   ISBN 978 373 479 2717   **5,99 €**

Einige mehr oder weniger erotische Gedichte und Balladen.

„ES - die endlose Existenz" ES Band 1

Eine quantenphilosophische Erkenntnistheorie über die Existenz nach dem biologischen Tod, vor allem aber, wie das Leben auch in schweren Stunden mit dieser Erkenntnis besser zu meistern ist.

Rezension 1: Dieses Buch hat es in sich. Der Autor versucht, etwas Unvorstellbares plastisch darzustellen. Dies ist ihm gelungen, ob man nun überzeugt wird, oder nicht. Teilweise etwas schwierig zu lesen, daher nur 4 Sterne. Ansonsten aber durchaus lesenswert!
Rezension 2: ... und dieses Buch hat dann gezeigt, dass ich recht hatte, aber es zeigt mir auch, wie ich mich von meinen Ängsten lösen kann und der Endlichkeit entgegentreten. Wow - dieses Buch hat mein Leben positiv verändert.

ISBN 978 373 573 9308   **29,90 €**

SUCHT I

Sucht als Ausdrucksform eingeebneter moralischer Werte

Eine kleiner Helfer für Süchtige und deren Helfer auf dem Weg zum Verstehen des Phänomens

ISBN 978 373 479 5053   **5,99 €**

Demnächst erscheinen:

Suizid IV

sowie einige erotische Geschichten-

Sammlungen.

Alle Kommunikationsadressen zum Autoren UweSchmidt:

Meine Künstlerseite allgemein:

www.Lexikon-der-Parallelwelten

Meine Autorenseite:
www.UweSchmidtArt.jimdo.com

Meine facebook Seite:
www.facebook.com/UweSchmidtArt

E-Mail Adressen:

Allgemeine Nachrichten: filosof@gmx.net

Friedensarbeit:

Friedensini.HH-Bramfeld@web.de

Friedensini.Bramfeld@t-online.de

Malerei:

UweSchmidtArt@gmx.de

Schriftstellerei / Lyrik:

UweSchmidtAutor@alice.de

Philosophie / Soziologie:

filosof-uwe@freenet.de

Politische Texte + Ideen:

pamphlet_poet@yahoo.de

Private Kontakte:

filosof@gmx.net

LISSCUS@web.de

Lieferanschrift:	Uwe Schmidt
	Bramfelder
	Chaussee 252
	22177 Hamburg
Postanschrift:	Uwe Schmidt
	Postfach 71 01 29
	22161 Hamburg

T Telefon: 040 – 432 66 187
F Fax: 040 – 432 66 188
H Handy: 0177 – 649 35 57